Gerald Drews

1952

Ein ganz besonderer Jahrgang

Pattloch

Mit vereinten Kräften starten wir durch

Was für ein Jahrgang!

Die gute Nachricht gleich am Anfang: Die Zeiten werden besser! Auch und besonders für uns, die wir gerade unseren ersten Schrei getan haben. Aufbruchsstimmung liegt 1952 überall in der Luft und lässt unsere Eltern endlich wieder aufatmen. Der junge deutsche Staat bewährt sich als Demokratie und versucht nach Kräften, seinen Bürgern einen guten Start in das Leben nach dem Krieg zu ermöglichen. Auch wenn noch längst nicht alles überstanden ist: Wir werden in eine positive Grundstimmung hineingeboren. Weltbewegende Dinge geschehen in der Epoche unserer Kindheit und Jugend – und wir dürfen daran teilhaben.

Willkommen in einer Ära voller Lebensfreude!

Nach der Düsternis des Krieges wirkt nun alles freundlicher. Die Menschen wollen mit vereinten Kräften anpacken, damit möglichst viele am Fortschritt teilhaben können. Diese Ära strahlt pure Lebensfreude aus – unsere Eltern können sich vielleicht erstmals etwas mehr leisten; sie genießen das Leben nach entbehrungsreichen Jahren in vollen Zügen.

Dass es in Wirklichkeit noch viele Probleme zu lösen gibt, werden wir 1952 Geborenen früh genug spüren. Erst viel später werden uns Aufrüstung, „Kalter Krieg“ und die deutsche Teilung beschäftigen. Was haben wir nicht alles erlebt in unseren ersten zwei Jahrzehnten! Und nun können wir bereits auf 60 – vor allem friedliche – Jahre zurückblicken. Wenn das kein schöner Grund ist, diese bewegten Zeiten Revue passieren zu lassen. Begeben wir uns also auf unsere kleine Zeitreise und sehen wir uns an, welche großen und kleinen Ereignisse uns beeinflusst haben.

▼ Noch trauen wir dem Frieden nicht so recht …

◀ Mutter strahlt vor Glück:
Endlich sind wir da!

▼ Staunend blicken wir in
die uns noch ganz unbe-
kannte Welt …

▼ Keine Trümmer mehr zu sehen:
eine Straße in Hamburg

Lebst du nur oder wohnst du schon?

Zinkwanne statt Zentralheizung

Etwas hat sich seit Ende des Krieges noch nicht geändert: Die Wohnungsnot ist unverändert groß. Wer überhaupt eine ganze Wohnung für die Familie hat, kann sich bereits glücklich schätzen. 1952 ist es durchaus üblich, sich Wohnraum mit anderen zu teilen, denn noch immer fehlen in Deutschland etwa 3,5 Millionen Wohnungen: Der Flüchtlingsstrom ist noch nicht verebbt, und der staatliche Wohnungsbau kommt kaum nach.

Und selbst wenn Mama und Papa eine Bleibe ergattern können – Komfort ist hier in der Regel Fehlanzeige: Baden in der Zinkwanne ist Standard, nur jede fünfte Wohnung besitzt sanitäre Anlagen. Von einer Zentralheizung können 93 Prozent der Deutschen nur träumen. Unsere Wiege steht also wahrscheinlich im wärmsten Raum, der Küche. Ob die Mama wohl schon in einer der schicken neuen Einbauküchen kochen kann? Vielleicht hat sie aber auch Omas altes Küchenbüfett geerbt und versucht einfach, das Beste aus der beengten Wohnsituation zu machen.

◀ Bei vielen von uns steht der Badezuber in der Küche.

◀ Wohnbaracke in einer Laubenkolonie

◀ Es geht aufwärts – an Weihnachten wird wieder richtig gefeiert.

▼ Aller guten Dinge sind drei: Viele Kinder purzeln auf die Welt!

Hallo, Monika, willkommen, Hans!

Wir, die 1952 Geborenen, sind gut 762 000 und damit etwa 4 000 mehr als im Vorjahr. Der beliebteste Mädchenname ist, wie schon im Jahr zuvor, Monika, dicht gefolgt von Angelika, Karin und Brigitte. Bei den Jungen sind Hans, Klaus, Wolfgang und Peter die Favoriten.

Was alles passiert

Einmal Luxus, bitte!

Mehr Normalität, mehr Stabilität – dafür steht unser Geburtsjahr. Nach den aufreibenden Kriegs- und Nachkriegsjahren wird das Leben für die meisten langsam ruhiger. Konsum gewinnt jetzt zunehmend an Bedeutung: Man ist, was man hat. Ludwig Erhards Traum vom „Wohlstand für alle“ wird konkret, denn die Konjunktur belebt sich in diesem Jahr deutlich. Erstmals seit Ende des Krieges erzielt Deutschland einen Exportüberschuss und nimmt damit wieder am Welthandel teil. Tatsache ist jedoch auch, dass sich die Teilung Deutschlands in Ost und West verfestigt hat und die gnadenlose Aufrüstung der Supermächte USA und UdSSR unaufhaltsam beginnt – sie wird uns für viele Jahre begleiten.

Die schönen Dinge kriegen wieder mehr Gewicht

Die schönen Dinge des Lebens bekommen wieder Bedeutung, und die Werbung tut alles, damit sich die Verbraucher auch einmal etwas mehr als nur das Notwendigste gönnen. Und tatsächlich geben die Deutschen ihr Geld nur zu gern für Luxuswaren aus. So steigt 1952 etwa der Parfüm-Absatz um fast 30 Prozent.

Die meisten müssen sich jedoch nach wie vor in Bescheidenheit üben, denn nachdem die Preisbindung für viele Waren aufgehoben ist, steigen die Preise für die meisten Nahrungsmittel in diesem Jahr oft um knapp 30 Prozent. Die sparsame Hausfrau bringt also Braten,

◄ Auch Körperpflege gehört zum Wohlstand mit dazu.

Bohnenkaffe und Buttercremetorte nur zu besonderen Anlässen auf den Tisch. Noch immer ist die Zahl der Flüchtlinge immens. Mehr als acht Millionen Menschen suchen in der jungen Bundesrepublik Zuflucht. Davon stammen allein 200 000 aus der DDR, sie flüchten vor politischer Willkür, Einschränkungen ihrer Freiheit und der schlechten Wirtschaftslage.

Viele junge Menschen wollen gleich den ganz großen Schritt wagen und in das „Land der unbegrenzten Möglichkeiten“, die USA, auswandern. Gut 25 000 sind es in diesem Jahr. Vor allem Handwerker und Facharbeiter haben gute Chancen, eines der begehrten Einreise-Visa zu ergattern.
Doch auch hierzulande gilt: Es geht wieder aufwärts!

▼ Im Notaufnahmelager Marienfelde drängen sich die Menschen.

▲ Andrang vor dem Kaufhaus Hertie

▼ Die USA locken viele junge Leute an.

▲ Hat nicht jeder: Wattespender aus den 50er Jahren

Abenteuer Urlaub

Bitte recht freundlich!

Die schönste Zeit des Jahres ist für viele auch 1952 der Sommerurlaub. Und da der Lebensstandard seit dem Ende des Krieges merklich gestiegen ist, können immer mehr Familien Ferien machen. Die meisten allerdings bleiben in heimischen Gefilden. Wohin es Mama und Papa wohl zieht? An die frische Nordsee oder eher ins beschauliche Bayern? Allgäu und Berchtesgadener Land verzeichnen in unserem Geburtsjahr jedenfalls Besucherrekorde. Damit bleibt Bayern das beliebteste Reiseziel der Deutschen in diesem Jahr. Es lockt nicht nur mit preiswertem Wanderurlaub in den Bergen, sondern auch mit zünftigen, geselligen „Heimat-Abenden", auf denen die Gäste mit Musik und Lustspielen bestens unterhalten werden.

Um Bequemlichkeit und Reisefreude optimal zu kombinieren, ist der Camping-Urlaub ideal. Zelten wird bei Reiselustigen immer beliebter, der Umsatz an Zelten und Camping-Zubehör steigt im Vergleich zum Vorjahr um ein Drittel. Mit der entsprechenden Ausrüstung wagen sich dann doch etliche ins sonnige Ausland. Campingkocher, Zelt und Luftmatratze eingepackt und ab in den Süden! Abenteuer und Freiheit gepaart mit Komfort – was kann es Schöneres geben? Nicht immer allerdings machen sich die deutschen Touristen andernorts beliebt. Unpassende Kleidung oder neureiches Gehabe einiger Reisender sorgen hierzulande für öffentliche Diskussionen über richtiges Reiseverhalten. Der Tipp für Reiselustige lautet: mehr Freundlichkeit ...

▼ Äußerst beliebt: Wandern in Bayern

◀ Ein Plätzchen im Strandkorb – da stört auch eine frische Nordsee-brise nicht.

▲ Mit dem Auto über die Alpen ist fast schon ein wenig Luxus.

◀ Camping ist bei Jung und Alt im Trend. Ein VW-Bus gilt als besonders schick.

Prominente 52er

Wer jetzt alles 60 wird

Wir sind 60 – und stehen mitten im Leben! Kaum zu glauben, dass wir schon auf sechs Lebensjahrzehnte zurückblicken können. Genau wie die vielen deutschen und internationalen Prominenten, die mit uns Geburtstag feiern. Die – selbstverständlich unvollständige – Auswahl aus unserem Jahrgang zeigt, dass wir 60-Jährigen uns wahrlich sehen lassen können!

5. Januar: Uli Hoeneß, deutscher Fußballspieler und -manager

31. Januar: Jan Hofer, deutscher Nachrichtensprecher

10. Februar: Frank Bsirske, deutscher Gewerkschaftsfunktionär

18. März: Michaela May, deutsche Schauspielerin

19. März: Wolfgang Ambros, österreichischer Liedermacher

4. Mai: Bärbel Höhn, deutsche Politikerin

17. Mai: Bernhard Brink, deutscher Schlagersänger

2. Juni: Hildegard Krekel, deutsche Schauspielerin

18. Juni: Isabella Rossellini, italienische Schauspielerin

17. Juli: David Hasselhoff, US-amerikanischer Sänger und Schauspieler („Knight Rider")

23. August: Vicky Leandros, griechische Schlagersängerin

24. November: Ilja Richter, deutscher Schauspieler und Fernsehmoderator

▶ Ilja Richter

◀ Vicky Leandros

Einfach wunderbar

Das ist die Musik der Zeit!

1952 hält ein neues Lebensgefühl Einzug: Vorbei sind die schlimmen Sorgen der unmittelbaren Nachkriegszeit. Frische Musik und wippende Petticoats lassen die „Trümmerjahre“ in weite Ferne rücken. Lebensfreude ist angesagt! Was könnte die neue Aufbruchsstimmung besser verkörpern als die Musik? Und unsere Eltern sind mittendrin. Im ganzen Land erscheinen nun Musikboxen auf der Bildfläche und sind bald aus den Gaststätten, Ausflugslokalen und Eisdielen nicht mehr wegzudenken. Ganz zu schweigen von den inzwischen elf Millionen Radiogeräten, die Küche und gute Stube beschallen. Wenn etwa Kurt Edelhagens 16-köpfige Big Band im beliebten Südwestfunk losschmettert, dann wird vielleicht sogar in den eigenen vier Wänden das Tanzbein geschwungen.

Aber es wird nicht nur geswingt – singt Lale Andersen „Grüß mir das Meer und den Wind“, dann wird sicher auch unserer Mama ganz romantisch zumute. Auch der „Blue Tango“ von Les Baxter eignet sich für verträumte Stunden. Seefahrt, Sehnsucht und Romantik, das sind in unserem Geburtsjahr die großen Themen des Schlagers.

Ob unsere Eltern wohl auch die populäre schwedische Sängerin Zarah Leander mit ihrer markanten Altstimme mögen? Ihr erfolgreiches Lied „Wunderbar“ jedenfalls erscheint 1952 und ist bis zum heutigen Tag ein unvergesslicher Ohrwurm.

Aufgeschlossen für Neues: Amerikanische Lieder wie das mit modernster Technik produzierte „How high the moon“ des berühmten Gitarristen Les Paul erobern auch hierzulande die Gunst der Hörer im Sturm.

▶ „Lili Marleen“ macht sie weltberühmt: Lale Andersen

Pflegeleicht und praktisch

So wohnen wir

Ein gemütliches Heim für die eigene Familie – davon träumen wohl auch unsere Eltern. Und sie können mit Recht stolz darauf sein, wenn es ihnen gelingt, eine hübsche Wohnung zu ergattern. Um sie behaglich einzurichten, wird nicht nur vieles selbst gemacht, sondern auch investiert: 245 DM geben die Deutschen in diesem Jahr durchschnittlich für Möbel und Einrichtung aus.

Alles, was praktisch ist, kommt besonders gut an, und so sind Schrankwände im Wohnzimmer und Einbauschränke im Schlafzimmer sehr beliebt. Kostengünstig, zweckmäßig und raumsparend – das sind die Attribute, die die Möbel unserer Eltern besitzen müssen. Resopal und Plastik heißen die Materialien der Zeit – pflegeleicht müssen sie sein! Schließlich hat Mama noch immer genug mit uns und dem Haushalt zu tun, denn die modernen Haushaltshelfer wie Mixer oder Küchenmaschinen können sich nur die wenigsten leisten. Und so wird die Wäsche oft noch auf dem Herd sauber gekocht und der Kuchenteig mit der Hand gerührt.

Hausarbeit ist noch immer Handarbeit

► Symbole unserer Jahre: der unvergleichliche Nierentisch mit Schnapsgläsern

▼ So eine Küche ist schon der Gipfel an Komfort.

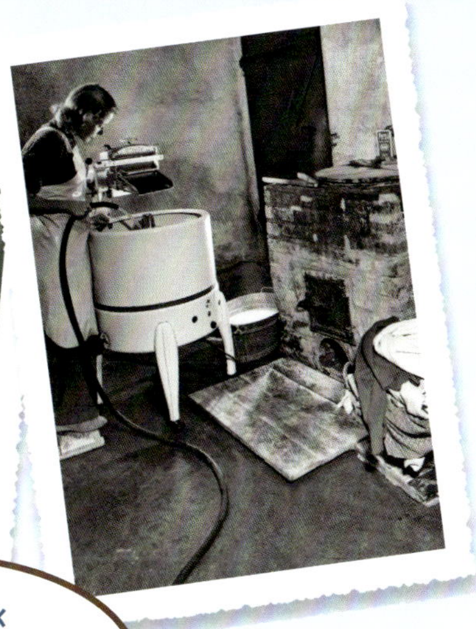

▲ Kochen, waschen, putzen – in den 1950ern für viele noch eine arge Plackerei!

▼ Peter Alexander und seine Musiktruhe

Musikhören kann ganz schön teuer sein ...

Ein glänzender und repräsentativer Musikschrank – davon träumen 1952 viele. Mit Plattenspieler, Rundfunkgerät oder sogar Tonband bestückt, sind diese schicken Truhen ein echtes Statussymbol, denn mit ihrem Preis von bis zu 3 250 DM bleiben sie das Privileg Begüterter. Bei einem durchschnittlichen Einkommen von 332 DM monatlich muss es in den meisten Haushalten ein schlichtes Radiogerät oder ein Plattenspieler tun.

Flott unterwegs

Der Traum vom eigenen Auto

Deutschland nimmt Fahrt auf. Auf den Straßen allerdings spiegelt sich die verbesserte wirtschaftliche Situation des Landes noch nicht wirklich wider. Dort nämlich sind hauptsächlich Kleinwagen oder Autos älteren Semesters anzutreffen. Selbst für einen nur mäßig ausgestatteten Zweitakter muss man fast ein Jahresgehalt hinblättern. Kein Wunder also, dass Ende des Jahres 1952 erst knapp eine Million Pkw zugelassen sind und nur jeder 16. Haushalt über ein Auto verfügt.

◀ Ein schickes Duo: die hübsche Fahrerin und ihr Maicomobil

Ob unsere Eltern wohl zu den Glücklichen gehören, die bereits ein eigenes Gefährt besitzen? Vielleicht kutschiert unser Papa ja die Mama in einem „Lloyd LP 300" herum, der recht spartanisch aussieht, aber immerhin ein Auto ist und damit ein Wohlstandssymbol darstellt. Mit seinen 10 PS ist er nicht der Schnellste, aber Hauptsache, wir kommen voran!

Wer sich schon einen „Taunus 12 M" leisten kann, der in unserem Geburtsjahr auf den Markt kommt, der kann weitaus mehr erwarten – steht das „M" im Namen doch für „Meisterstück": immerhin 110 km/h Höchstgeschwindigkeit und Einzelradaufhängung versprechen rasantes Fahrvergnügen und Komfort. Kostspielige Sechs- und Achtzylinder, etwa von BMW, bleiben nur einer kleinen, betuchten Käuferschicht vorbehalten.

Aber es muss ja nicht immer gleich ein Auto sein: Motorisierte Zweiräder sind für viele eine finanzierbare und schicke

Alternative: Der „Goggo"-Motorroller etwa sieht richtig flott aus und wird dank seiner soliden und robusten Verarbeitung schnell zum meistverkauften Roller in Deutschland.

Die meistgenutzten Verkehrsmittel für die Fahrt zur Arbeit und in die Stadt bleiben Straßenbahn und Bus. Eine Vernunftentscheidung, denn heiß und innig geliebt wird eher das Auto, das in seinem Siegeszug nicht aufzuhalten ist. Auch Mutti und Vati träumen sicher davon, mit der kleinen Familie auf große Fahrt zu gehen ...

▼ Wurde als „Leukoplastbomber" verspottet: der Lloyd LP 300

Das trägt man 1952

Die Hose wird (fast) gesellschaftsfähig

Es ist ein langsamer Siegeszug, aber spätestens seit dem Zweiten Weltkrieg greifen die Damen immer häufiger zur Hose. Zunächst sind es eher praktische Erwägungen, die den Rock in der weiblichen Gunst verdrängen – in den harten Kriegs- und Nachkriegsjahren ist modischer Schnickschnack unwichtig, stattdessen sind Alltagstauglichkeit und Wärme gefragt. In unserem ersten Erdenjahr schließlich hat sich das Beinkleid als trendbewusste Bekleidung durchgesetzt. Bequeme und gleichzeitig todschicke Caprihosen etwa sind der letzte Schrei. Enge Hosen, kombiniert mit Bluse oder feinem Twinset, sind in, seit die US-amerikanische Schauspielerin Audrey Hepburn mit ihrer knabenhaften Figur als Idol gilt. Bürotauglich ist dies freilich noch lange nicht. Hier ist nach wie vor Rock die Regel. Ob enger Bleistiftrock oder leicht schwingender Tellerrock ist Geschmackssache. Dazu eine sportlich-elegante Hemdbluse und „frau“ ist angezogen. Und am Abend gilt erst recht: Hose ist tabu. Kleider mit Plissee, gefertigt aus zarten Stoffen, verwandeln die Frau in eine Ballkönigin.

Ganz schmal oder weit schwingend, das sind die beiden Trends in der Damenmode. Da findet sicher auch unsere Mama das für sie Passende. Und wenn wir das Familienalbum betrachten, stellen wir fest: Sie sieht immer elegant aus. Vielleicht liegt es daran, dass erst ein Hut, und sei er noch so klein, die Garderobe einer Dame komplettiert. Hinter dem Ganzen steht die Maxime: Es soll einfach sein, aber raffiniert, damenhaft, aber nicht übertrieben. Und genau so haben wir unsere Mutti in Erinnerung.

◀ Stilikone der 50er Jahre: Audrey Hepburn

▲ Modenschauen bieten echte Hingucker.

◀ Flotte Hosenmode – aber nur für tagsüber. Abends trägt „frau“ Rock!

Komm, wir gehen ins Kino!

Heitere Unterhaltung boomt

Große Gefühle, schöne Landschaften, bekannte Leinwandstars. Das ist in diesem Jahr die beliebteste Mischung für die Kinobesucher. Wird ein solcher Film gezeigt wie beispielsweise „Grün ist die Heide“, dann strömen die Massen in die Lichtspielhäuser. 12 Millionen Besucher haben sich diese Romanze mit Sonja Ziemann und Rudolf Prack bis 1952 bereits angesehen. Auch „Der fröhliche Weinberg“ oder „Im Weißen Rössl“ begeistern unsere Eltern. Unbeschwerte Unterhaltung pur ist das Erfolgsrezept. Deutschland ist Kinoland: 615 Millionen Menschen lassen sich 1952 in über 4 000 Lichtspielhäusern für wenige Stunden

◀ Und immer lockt das Weib – Brigitte Bardot (1956)

Schmollmund BB

1952 heiratet der Regisseur Roger Vadim die blutjunge Brigitte Bardot, die in diesem Jahr auch ihr Leinwanddebüt gibt. Richtig berühmt wird die Französin vier Jahre später mit „Und immer lockt das Weib“. Ein Generationenwechsel: Das Stolze und Erhabene einer Greta Garbo ersetzt „BB“ durch Jugendlichkeit, Frische und Freizügigkeit. Mit Schmollmund und sexy Hüftschwung verkörpert sie einen neuen Frauentyp und erobert die Kinos Europas mit reizvoller Weiblichkeit.

▲ Ein unschlagbares Team: Fernandel als Don Camillo und Gino Cervi als Peppone

aus ihrem anstrengenden Alltag in eine heile Welt entführen. Ob „Heidi“ oder „Don Camillo und Peppone“ – Buchvorlagen werden gern zu heiteren Filmen verarbeitet. Wer kann es Mama und Papa verdenken, dass sie sich im dunklen Kinosaal in ein Leben voll bunter Fröhlichkeit davonträumen?

Eine kleine Zeitreise

Was 1952 noch so alles geschah!

◄ Das Wetter schlägt zu Beginn des Jahres Kapriolen und lässt Deutschland bis Ende Februar unter Frost und Schneemassen versinken. Mit Lawinenunglücken, verschneiten Straßen, heftigen Stürmen und von der Welt abgeschnittenen Dörfern ist dieser Winter besonders hart. Der Sommer ist ebenso extrem: Deutschland ist am stärksten von der europäischen Hitzewelle betroffen. Wasser wird knapp, und die Menschen stöhnen unter der Gluthitze.

▼ Eine kleine Nordsee-Insel ist in diesem Jahr ein Politikum: Helgoland, seit Ende des Zweiten Weltkriegs unter britischer Hoheit, wird am 1. März mit einem Festakt wieder unter deutsche Verwaltung gestellt.

▲ In der finnischen Hauptstadt Helsinki finden von Mitte Juli bis Anfang August die XV. Sommerspiele statt. Deutsche Sportler nehmen erstmals seit Ende des Zweiten Weltkriegs wieder teil – sie müssen allerdings ohne eine einzige Goldmedaille die Heimreise antreten. Heinz Ulzheimer gewinnt Bronze im 800-m-Lauf.

◀ Am 26. Mai 1952 erhält die Bundesrepublik Deutschland einen Großteil ihrer Souveränität zurück: Bundeskanzler Konrad Adenauer und die Außenminister der drei Westalliierten unterzeichnen im Bonner Bundeshaus den Deutschlandvertrag, der das Besatzungsstatut weitestgehend aufhebt.

▶ Für den Preis von 10 Pfennig kommt im Juni die erste Ausgabe der „BILD"-Zeitung aus dem Hause Springer auf den Markt. Das Boulevard-Blatt erscheint in einer Auflage von 250 000 Exemplaren und wird rasch ein Erfolgsmodell.

◀ Das Fernsehzeitalter beginnt für unsere Eltern am 25. Dezember. Der NWDR nimmt mit einem weihnachtlichen Fernsehspiel seinen Sendebetrieb auf und kann von inzwischen 4 000 Geräten empfangen werden.

Ein Wirtschaftswundermärchen

Alles scheint möglich

Die Erfolgsmischung der „Fünfziger" lautet Fleiß, Biederkeit und Freude am Genuss. Wie kaum ein anderes Jahrzehnt verströmen die fünfziger Jahre eine Atmosphäre von Wohlbefinden und Geschäftigkeit, Wachstum und Aufbau. Die „Bonner Republik" ist stolz auf ihre Leistungen, gibt sich aber bescheiden. Man „ist wieder wer", Großmannssucht kommt allerdings nicht gut an. Wer sich mit zähem Fleiß etwas aufgebaut hat, der prahlt meist nicht damit, sondern genießt ruhig sein gutes Leben. Natürlich geht es nicht allen so prächtig. 1952 ist fast jeder fünfte Einwohner Flüchtling, viele von ihnen leben in ärmlichen Verhältnissen, weil ein Arbeitsplatz zu Beginn der fünfziger Jahre alles andere als selbstverständlich ist. Knapp 1,7 Millionen Arbeitslose gibt es im Jahr unserer Geburt. Doch das „Wirtschaftswunder" schreitet unaufhaltsam voran, und bereits 1955 werden die ersten Gastarbeiter angeworben, zum Ende des Jahrzehnts herrscht mit einer Arbeitslosenquote von unter zwei Prozent sogar Vollbeschäftigung. Das Bruttosozialprodukt nimmt zwischen 1952 und 1960 um 80 Prozent zu. Erfolgsmeldungen überall, die Menschen blicken zuversichtlich in die Zukunft. Eine gute Basis für uns Kinder. Wir machen unsere ersten Schritte in einer Zeit, in der alles möglich scheint.

Flüchtlinge, Gastarbeiter und immer mehr Wohlstand

Gummibaum und Nierentisch, Hula-Hoop-Reifen und Petticoats symbolisieren diese Epoche des Aufbruchs. Alles ist frisch, aufgeräumt und modern – aber nicht zu modern.

Dass die schlimmen Hungerjahre vorbei sind, kann man auch am Konsum ablesen. Die Kauflust der Deutschen lässt das Warenangebot steigen und die Schaufenster voller werden. Kaufhäuser mit ihrem verlockenden Warenangebot werden immer beliebter und lassen auch Mama vielleicht einmal über die Stränge schlagen ...

▲ Endlich können wir wieder nach Herzenslust einkaufen!

▼ Maßhalten – im wahrsten Sinne des Wortes

◀ Wir haben einfach eine „bärige" Kindheit …

◀ Er lässt Millionen von Capri träumen: Rudi Schuricke

So klingen die Fünfziger

Frech und fröhlich

Wer in den Fünfzigern Musik macht, eignet sich – anders als in späteren Epochen – kaum als Elternschreck. Da ist nichts zu hören von Anarchie, Aufbegehren oder Protest. Was in dieser Zeit aus den Lautsprechern tönt, ist „sauber" und fröhlich. Und genauso adrett kommen auch die Interpreten daher. Conny Froboess und Peter Kraus sind die Vorzeige-Sänger dieser Zeit: anständig, lieb und auf süße Art ein bisschen frech. Schnell werden die beiden zu umjubelten Stars und Idolen der Jugend.

In dieser Epoche startet auch Peter Alexander seine beispiellose Karriere mit „Die süßesten Früchte fressen nur die großen Tiere". Und dass auch das Fernweh im deutschen Schlager immer präsent ist, beweist etwa Rudi Schurickes Riesenhit „Wenn bei Capri die rote Sonne im Meer versinkt."

Die positive Aufbruchsstimmung der Fünfziger spiegelt wie kaum ein anderer Hit der Fred-Bertelmann-Titel „Der lachende Vagabund" wider. Das herzerfrischende Lachen Bertelmanns und der vor Lebensfreude nur so sprühende Text lassen die Verkaufszahlen nach oben schnellen: In kürzester Zeit werden nach Erscheinen des Titels 1957 3,5 Millionen Platten verkauft.

Was wären die fünfziger Jahre ohne Rock 'n' Roll? Dem schwungvollen Rhythmus aus den USA kann sich auch hierzulande bald keiner mehr entziehen. Im ganzen Land wächst die Begeisterung, und es wird das Tanzbein geschwungen, sobald Bill Haleys „Rock around the clock" oder Elvis' „Jailhouse Rock" erklingt.

▼ Alle lieben Conny und Peter.

Farbe muss sein!

Wo die Tütenlampe leuchtet

Selten sind sich die Geschmäcker der Generationen so ähnlich wie in den Fünfzigern: Nicht nur wir Kinder lieben es bunt, auch unsere Eltern mögen plötzlich alles Farbenfrohe. Die Wohnzimmer sind zwar immer noch gediegen und solide, aber ein wenig neues Design darf jetzt einziehen.

Sicher bauen wir als Kinder unsere Bauklötzchen auch unter einem Nierentisch mit filigranen Beinen aus Buchenholz auf. Und beleuchtet wird das Ganze von einer Tütenlampe. Mit Tischdeckchen und Nippes macht die Mama alles so richtig behaglich, und asymmetrisch gestaltete Einrichtungsgegenstände geben dem Wohn-Ensemble einen ganz modernen Ton. Auf den Tapeten sind florale Muster und schöne pastellige Muster beliebt, Bilder mit Urlaubsmotiven zeugen vom Interesse an fernen Gestaden. Alles wirkt heiter und fröhlich, was könnten wir Kinder uns Schöneres wünschen?

Nach den bitteren Jahren des Krieges mit vorgegebenem „deutschem“ Geschmack gibt es nun eine Menge aufzuholen. Und so wirkt in den Fünfzigern auch die Einrichtung endlich schwungvoll, farbig und wie befreit.

► Im Volksmund „Stehrumski“ genannt: ein Urlaubssouvenir von Werweißwoher

◄ Ein typisches Wohnzimmer unserer Kindheit

▼ Eine Leseecke für gemütliche Stunden – inklusive Tütenlampe

Erfolgsgeschichte „Flimmerkiste"

Fußball und Straßenfeger

Das Fernsehen setzt in den fünfziger Jahren zum Siegeszug an. Und das, obwohl noch Mitte des Jahrzehnts ein TV-Gerät mit 1 000 DM für die meisten fast unerschwinglich ist. Wer zu dieser Zeit mehr als das Doppelte des Monatslohns eines Arbeiters für den Kauf eines Fernsehers berappen kann, hat den persönlichen Aufschwung bereits geschafft. Ob unser Papa wohl zu den Glücklichen gehört, die am zweiten Weihnachtsfeiertag 1952 das erste live im Fernsehen übertragene Fußballspiel, St. Pauli gegen Hamborn, direkt am Bildschirm miterleben können?

Der Anfang der Fernseh-Ära ist gemacht, und Ende 1957 nutzen schon eine Million Menschen in Deutschland die liebgewonnene „Flimmerkiste". Zu den Pionieren der neu entstehenden Fernsehwelt gehört Regisseur Jürgen Roland. Ab 1958 sorgt er mit der legendären Serie „Stahlnetz" für Furore – einer der größten Erfolge der jungen Fernsehnation. Hier starten viele Stars ihre TV-Karriere, etwa Eddi Arent, Wolfgang Völz und Grit Boettcher.

Nicht wegzudenken aus dem TV-Geschehen der Fünfziger sind die Fernsehansagerinnen. Adrett und charmant führen sie durch das noch übersichtliche Programm. Irene Koss, Ansagerin der buchstäblich ersten Stunde, bleibt bis 1962 für uns Kinder eines der liebsten Gesichter, ist sie doch auch Autorin und Moderatorin der „Kinderstunde".

◀ Der Fernseher ist bald Mittelpunkt des Wohnzimmers.

▼ Die Fernsehansagerinnen Ursula von Manescul, Irene Koss und Dagmar Bergmeister

▼ Bekannt für seine phantasievollen Gerichte: Clemens Wilmenrod

Her mit dem Hawaiitoast!

In den fünfziger Jahren weht ein Hauch Exotik durch die deutschen Küchen. Clemens Wilmenrod, der erste Fernsehkoch der Nation, kombiniert bekannte Zutaten auf neue Art und kreiert damit solche Küchen-Highlights wie „Toast Hawaii“ oder „Arabisches Reiterfleisch“. Dass beides so ganz und gar nichts mit den im Namen geführten Gegenden zu tun hat, stört niemanden. Im Gegenteil: Wilmenrods kreative Übertreibungen werden bald Kult, seine Sendungen Straßenfeger.

Wir erinnern uns

Was von den Fünfzigern bleibt

Als Kinder der Fünfziger haben wir Glück. Die schlimmen Notzeiten sind vorbei, und der Wohlstand wächst. Wir leben nicht im Überfluss, aber die Umstände verbessern sich seit dem Krieg mit jedem Jahr. Und so können wir nicht nur in Frieden aufwachsen, sondern unsere Kindheit richtig genießen.

Ereignisse des Jahrzehnts

- Der Schah von Persien heiratet 1951 die deutschstämmige Soraya Esfendiary Bakhtiari. Bereits 1958 wird die Ehe wegen Kinderlosigkeit wieder geschieden.
- Am 17. Juni 1953 löst der Volksaufstand in der DDR eine Krise aus. Mit Streiks und antistalinistischen Demonstrationen begehren die Menschen gegen die politische Führung auf.

- Das „Wunder von Bern“ verzaubert die gesamte Bundesrepublik: 1954 wird Deutschland Fußball-Weltmeister. Legendär ist die Radioreportage des Endspiels von Herbert Zimmermann.
- 1955 erlangt Deutschland mit seinem NATO-Beitritt volle Souveränität. Dies ist gleichzeitig die Gründungsstunde der Bundeswehr.
- Die Frankfurter Prostituierte Rosemarie Nitribitt wird am 1. November 1957 ermordet aufgefunden. Sie soll Kontakte zu Prominenten aus Politik und Wirtschaft gehabt haben.
- Nach der Flucht des Diktators Batista übernimmt Fidel Castro im Januar 1959 die Macht in Kuba.

Menschen des Jahrzehnts

◂ Elvis Presley
(*1935 – †1977)

Grace Kelly ▸
(*1929 – †1982)

◂ Konrad Adenauer
(*1876 – †1967)

Romy Schneider ▸
(*1938 – †1982)

James Dean ▸
1931 – †1955)

Die turbulenten Sechziger

Jetzt geht es rund!

Schluss mit Biederkeit und Harmonie – jetzt wird es richtig turbulent! Als wäre die eigene Teenagerzeit nicht aufregend genug, fällt diese auch noch in die wilden Sechziger. Und da geht es wirklich rund. Ein Quartett aus Liverpool tritt an, um musikalisch abzuräumen, und tatsächlich werden die Songs der legendären „Beatles“ so etwas wie die Begleitmusik unserer Jugend. Als 1961 die Mauer in Berlin errichtet wird, sind wir noch zu jung, um die Tragweite zu erkennen. Und welche Auswirkungen die Ermordung des amerikanischen Präsidenten John F. Kennedy 1963 hat, können höchstens unsere Eltern ermessen. Wir aber spüren bis zum Ende des Jahrzehnts immer stärker, dass sich die Weltmächte in Ost und West auf einen verhärteten Dauerkonflikt einrichten. Nicht wenige von uns beginnen, politisches Engagement zu entwickeln. 1968 gipfelt die explosive Stimmung schließlich in massiven Studentenprotesten.

Eine Jugend zwischen Mauerbau und Mondlandung

Freiheit ist das, wonach alle streben – nicht nur politisch gesehen. Die sexuelle Revolution untergräbt bürgerliche Moralvorstellungen, und der Feminismus macht den Männern ihre gesellschaftliche Stellung streitig. Mit der Mondlandung 1969 endet das aufregende Jahrzehnt, doch wir fangen jetzt erst richtig an ...

◀ Wir sind längst nicht so brav, wie es scheint.

◀ Am Ende des Jahrzehnts betreten die ersten Menschen den Mond.

▼ Noch sind wir zu jung, um das Ungetüm „Mauer“ zu begreifen.

▼ Paul, George, Ringo und John (von links): die Beatles

▲ Märchenwälder und Miniaturstädte sind ab den 1960ern beliebte Ausflugsziele.

▲ Selbst Elvis Presley liest BRAVO – während seiner Wehrdienstzeit in Deutschland zwischen 1958 und 1960.

Freizeit in den 60er Jahren

▲▶ Freiheit hat viele Gesichter. Man tanzt auf der Wiese, entledigt sich der Kleidung, geht zu Open-Air-Festivals oder trägt Blumen im Haar.

Jungsein in den Sechzigern – das fühlt sich gut an, obwohl wir bei den ganz großen Revolutionen noch nicht mitmischen können. Noch gehen wir mit unseren Eltern auf den üblichen Sonntagsspaziergang, aber wir spüren bereits, wie die Freiheit dieser legendären Epoche langsam heraufzieht. Wir beginnen, „BRAVO“ zu lesen, einige lassen sich wild die Haare wachsen und finden Geschmack an Hippie- und Flowerpower-Kult: Festivals und Happenings sind angesagt. Unsere Eltern befürchten Drogen-Exzesse und Gammlertum, bis sie schließlich erkennen: alles halb so schlimm!

Yeah, yeah, yeah!

Musik wird Kult

„Beatles“ oder „Stones“ – das ist die entscheidende Musik-Frage in den Sechzigern. Zu welchem „Lager“ wir wohl gehören? Lieben wir das Erfolgsquartett aus Liverpool oder geraten wir bei Mick Jagger & Co. in Ekstase? Beide Bands sind bis heute legendär, und wir dürfen ihren Aufstieg miterleben! Wir sind fasziniert von der neuen Musik und huldigen unseren Stars mit Inbrunst – was oft verständnisloses Kopfschütteln bei unseren Eltern auslöst. Und so kommt es regelmäßig zu Konflikten, wenn wir am Samstagnachmittag den „Beat Club“ sehen wollen. Die erste Fernsehsendung, die speziell auf die Musikwünsche von Jugendlichen ausgerichtet ist, geht 1965 auf Sendung. Mit seiner Moderatorin Uschi Nerke erreicht der „Beat Club“ binnen kürzester Zeit Kultstatus. 1968 verfolgen bereits 75 Millionen Zuschauer die neuesten Musiktrends.

Hauptsache, es wird englisch gesungen

Viele legendäre Hits stammen aus der Epoche, in der wir jung sind: Bob Dylans „Blowin’ in the Wind“ erscheint 1962, „Help!“ rufen die Beatles 1965, und 1966 erfassen uns die „Good Vibrations“ der amerikanischen Beach Boys.

Was „in“ ist, kommt englisch daher. Egal, ob wir in Schwäbisch Hall oder Dortmund wohnen – wir lieben einfach alles, was aus „Swinging London“ oder aus dem Hippie-Zentrum Kalifornien stammt …

▶ Uschi Nerke moderiert bis 1972 den „Beat Club“.

▼ Der „Beat Club“ ist vielen Eltern ein Dorn im Auge.

Lässig, wild und ganz schön verrückt

Im Rausch der Farben

Immer schriller, immer bunter, das ist das Motto der Mode in diesem Jahrzehnt. Das indisch angehauchte Paisley-Muster und farbenfrohe psychedelische Drucke sind auf Hemden, Röcken und Tüchern allgegenwärtig.
Und die Röcke sind plötzlich schockierend kurz: Die britische Modedesignerin Mary Quant erfindet nicht nur den Minirock, sondern entwirft auch Kleidung und Stiefel aus PVC. In den Sechzigern kann es gar nicht verrückt genug aussehen!
Modisch besonders einflussreich sind die Hippies. Sie setzen zum Ende des Jahrzehnts den neuen Schlabber-Trend mit schwingenden, bodenlangen Batik-Kleidern, Westen, floralen Mustern, Jesuslatschen und massenweise Schmuck. Auch die Herren mischen in dem neuen Farbrausch dieses Jahrzehnts kräftig mit.
Der zwar einfarbige, aber unverwüstliche Parka wird in diesen Jahren eines unserer Lieblingskleiderstücke und bleibt es für viele Jahre – nichts ist so lässig und modebewusst zugleich.

▼ Den beiden – und vielen anderen – kann es gar nicht bunt genug sein.

Wir erinnern uns

Was von den Sechzigern bleibt

So viel Aufbruch war nie. Was in den sechziger Jahren passiert, beeinflusst nicht nur uns, sondern die ganze Welt. Wir gehen in großen Schritten aufs Erwachsensein zu, während sich um uns herum Ereignisse von historischer Bedeutung abspielen. Sehen wir uns doch noch einmal an, welche bahnbrechenden Ereignisse in diesem Jahrzehnt stattfinden. Mit Stolz können wir sagen: Wir haben diese schillernde Epoche hautnah miterlebt!

Die Ereignisse des Jahrzehnts

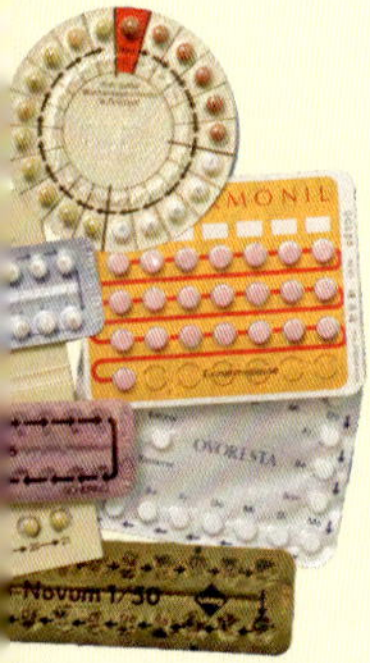

◄ Die erste „Antibabypille" erscheint in den USA auf dem Markt, das Pharma-Erzeugnis ist eine Revolution.

◄ Eine verheerende Sturmflut sucht am 16. Februar 1962 Norddeutschland heim. Vor allem Hamburg ist betroffen.

▼ Der auch in Deutschland sehr populäre amerikanische Bürgerrechtler Martin Luther King erhält 1964 den Friedensnobelpreis.

1960 | 1961 | 1962 | 1963 | 1964 | 1

▲ Am 13. August 1961 errichtet die DDR mitten durch Berlin einen „antifaschistischen Schutzwall". Die Mauer, die Deutschland in Ost und West teilt, steht fast 30 Jahre.

▲ Am 1. April 1963 geht das Zweite Deutsche Fernsehen, das ZDF, erstmals auf Sendung.

► 20 Jahre nach Kriegsende nehmen die Bundesrepublik Deutschland und Israel am 13. Mai diplomatische Beziehungen zueinander auf.

◀▲ Die Sechziger – ein Jahrzehnt des Aufbruchs, für viele von uns aber auch ein Jahrzehnt der Harmonie.

▲ Als vom 27. Mai bis zum 4. Juni der Schah von Persien Deutschland besucht, kommt es in vielen Städten zu Demonstrationen. Dabei wird in Berlin der Student Benno Ohnesorg erschossen.

▲ Am 21. Juli 1969 verfolgen etwa 600 Millionen Menschen am Fernseher, wie Neil Armstrong und Buzz Aldrin als erste Menschen den Mond betreten.

1966 **1967** **1968** **1969**

▶ Vom 24. Juni bis zum 4. Juli 1966 spielen die „Beatles“ im Rahmen einer Welttournee an drei Tagen sechs Konzerte in Deutschland.

▶ 1968 wird zum Protestjahr: Studenten- und Bürgerrechtsbewegungen wenden sich unter anderem gegen den Vietnamkrieg und die Niederschlagung des Prager Frühlings und fordern Reformen ein.

Bildnachweis:
Umschlagfoto: Corbis/ClassicStock/H. Armstrong Roberts
Fotos aus dem Innenteil: Privatarchiv Lehmacher S. 6, 7 u. re., 9 u. (2), 11 u. re., 13 (4), 21 re., 24 o., 27 Mi., u. (3), 28, 29 o., 31 li., 32, 36, 38 o. li., 42 u. re., 43 o. (2); Privat Übleis S. 7 o.; Privat Pollack S. 7 Mi. re.; picture-alliance (im Folgenden „pa"/picture-alliance/dpa S. 5, 8, pa/dpa S. 7 u. li., 9 Mi., 10, 11 u. li., 14 (2), 17 u., 18, 20, 24 re., 25 Mi., 27 o., 33 o. re., u. li., 34, 35 li. (3), 37 (3), 39 (3), 41, 42 o. (5), 43 Mi. re., u. re., pa/akg S. 9 o., pa/akg-images S. 11 o. li., o. re., 17 o. li., 19, 21 o.re., 23, 25 o., 28 u., 31 re., pa/Presse-Bild-Poss S. 12, pa/KPA Copyright S. 15, pa/ZB S. 16, 30, pa/Helga Lade Fotoagentur GmbH, Ger S. 17 o. re., 25 u., 31 o., pa/United Archives/TopFoto S. 21 li., 43 u. li., pa/ S. 22, 29, 38 o. re., pa/Fischer S. 24 u., pa/Studio Schiermann/StockFood S. 33 u. re., pa/united archives S. 35 o. re., pa/maxppp S. 35 u. re., pa/dpa/dpaweb S. 40 (2), pa/Joachim Barfknecht S. 43 Mi. li.

Gesamtgestaltung: Atelier Lehmacher
Illustration: Michael Paetow
Lektorat: Michaela Schachner, Pattloch Verlag, Franz Leipold
Druck und Bindung: Offizin Andersen Nexö/Leipzig GmbH, Zwenkau
Printed in Germany

05 04 03 02 01

ISBN 978-3-629-10678-0

www.pattloch.de

In dieser Reihe sind erschienen:

ISBN:
978-3-629-10792-3

ISBN:
978-3-629-10791-6

ISBN:
978-3-629-10790-9

ISBN:
978-3-629-10789-3

ISBN:
978-3-629-10680-3

ISBN:
978-3-629-10679-7

ISBN:
978-3-629-10678-0

ISBN:
978-3-629-10677-3

ISBN:
978-3-629-10733-6

ISBN:
978-3-629-10684-1

ISBN:
978-3-629-10683-4

ISBN:
978-3-629-10682-7

ISBN:
978-3-629-10681-0

ISBN:
978-3-629-10686-5

ISBN:
978-3-629-10685-8

Auch für die Jahrgänge 1939 / 1949 / 1959 / 1969, 1940 / 1950 / 1960 / 1970, 1931 / 1941 / 1951 / 1961 / 1971 lieferbar!